Stroke Survivor

Dein Weg zurück ins Leben nach Schlaganfall

Christina Sattler

Bibliografische Information der Deutschen Nationalbibliothek: Die Deutsche Nationalbibliothek verzeichnet diese Publikation in der Deutschen Nationalbibliografie; detaillierte bibliografische Daten sind im Internet über dnb.dnb.de abrufbar.

Verlag: BoD · Books on Demand GmbH, In de Tarpen 42, 22848 Norderstedt

Druck: Libri Plureos GmbH, Friedensallee 273, 22763 Hamburg

ISBN: 9 7837 58388279

Stroke Survivor

Dein Weg zurück ins Leben nach Schlaganfall

Christina Sattler

Inhalt

Vorwort 1

Zurück ins Leben 5

Schlaganfall verstehen 9

Was ist ein Schlaganfall? 10

Die vermeidbaren und nicht vermeidbaren Risikofaktoren 12

Wie 4 Buchstaben Leben retten können 16

Verständnis und Umgang mit einer TIA 20

Mythos 1: Schlaganfall ist eine „Alte- Leute-Erkrankung" 22

Mythos 2: Sichtbarkeit eines Schlaganfalls 24

Mythos 3: Völlige Unselbständigkeit nach Schlaganfall 26

Dein Weg zur Rehabilitation 28

Wichtige Fragen an Deine Therapeutinnen und Therapeuten 32

Fragenkatalog 33

Dein Reha Team 35

Dein Gehirn organisiert sich neu- Neuroplastizität 39

Zurück zu physischer und psychischer Balance . 41

Freunde und Familie 49

Rechtliche und finanzielle Aspekte 54

Patientenrechte und gesetzliche Bestimmungen
.... 55

Finanzielle Unterstützung und Anträge 56

Wo Du Hilfe bekommst 58

Pläne und Ziele 60

Deine Gesundheitsziele 61

Die SMART-Methode 62

Schlusswort 69

Über die Autorin 72

.... 72

Weiterführende Informationen 74

Buchtipp: 75

Bildnachweise: 75

Vorwort

Liebe Stroke Survivorin, lieber Stroke Survivor, liebe Angehörige

ich freue mich sehr, Dich zu meinem kleinen Leitfaden begrüßen zu dürfen. Dieses Werk liegt mir besonders am Herzen und ich hoffe, es wird Dir auf Deinem Weg zur Genesung und zurück in Dein Leben ein wertvoller Begleiter und eine Orientierungshilfe sein. Vielleicht ist es auch für Dich als Angehörige oder Angehöriger eine Hilfe, Dich nach diesem einschneidenden Ereignis zu orientieren und Mut zu schöpfen.

Mein Name ist Christina Sattler und ich bin seit 2001 als Physiotherapeutin tätig. Ich habe schon in meinen frühen Berufsjahren meinen Schwerpunkt auf die Neurophysiotherapie gelegt und mich darauf spezialisiert, Menschen nach neurologischen Erkrankungen wie zum Beispiel nach einem Schlaganfall zu unterstützen.

In meiner eigenen Praxis widme ich mich der ambulanten Rehabilitation und arbeite täglich daran, meinen Patientinnen und Patienten dabei zu unterstützen, ihre körperliche und mentale Balance wiederzufinden.

Warum dieses Buch? Ganz einfach: Im Laufe der Jahre habe ich festgestellt, dass viele Menschen nach einem Schlaganfall vor ähnlichen Herausforderungen stehen und ganz oft auch dieselben Fragen, Ängste und Zweifel haben.

Dieses Buch soll Dir Antworten geben, praktische Tipps vermitteln und Dich dabei unterstützen, Deine Genesung und Dein Leben Schritt für Schritt wieder selbst in die Hand zu nehmen.

Die Rehabilitation nach einem Schlaganfall ist keine leichte Aufgabe, aber sie ist auch eine Reise voller kleiner und großer Erfolge. Jeder Fortschritt, egal wie klein, bringt Dich Deinem Ziel näher. Es geht darum, die richtigen Werkzeuge und Techniken zu kennen und vor allem, den Mut nicht zu verlieren und Vertrauen in die Medizin zu haben.

Ich möchte Dir mit diesem Buch Mut machen und Perspektiven zeigen. Ich werde Dir von Beispielen aus meiner Praxis berichten, damit Du weißt, dass vieles wieder möglich ist, auch wenn Du gerade das Gefühl hast, vor einem unbezwingbaren Berg zu stehen. Die Namen der Patientinnen und Patienten in diesem Buch habe ich verändert, um keine Rückschlüsse ziehen zu können auf die tatsächlichen Personen. Vielleicht findest Du Dich in der ein oder anderen Patientengeschichte wieder, kannst

Emotionen oder den Weg der Behandlung nachempfinden oder findest Anregungen, wie es in Deiner Therapie ablaufen kann.

In diesem Buch findest Du alles, was Du brauchst, um Deine Rehabilitation effektiv zu gestalten: von wichtigen Informationen über den Schlaganfall selbst und die verschiedenen Phasen der Rehabilitation bis hin zu praktischen Übungen und Techniken, die Dir helfen, Deine innere Mitte wiederzufinden.

Ich lade Dich ein, dieses Buch nicht nur zu lesen, sondern aktiv mit ihm zu arbeiten. Mache Dir Notizen, stelle Fragen, und vor allem: Setze die Vorschläge in Deinem Alltag mit Freude um. Und vergiss nicht, Deine Erfolge zu feiern, egal wie klein sie erscheinen mögen.

Dieses Buch ist als Leitfaden konzipiert, der Dir in den verschiedenen Phasen Deiner Rehabilitation helfen soll. Es ist in übersichtliche Kapitel unterteilt, die jeweils wichtige Aspekte Deiner Genesung und Deines täglichen Lebens behandeln. Du kannst das Buch einfach von vorne nach hinten durchlesen oder direkt zu den Kapiteln springen, die für Deine aktuelle Situation am relevantesten sind.

Jedes Kapitel beginnt mit einer kurzen Einführung und einem Überblick über die wichtigsten Themen. Vielen Dank für Dein Vertrauen. Ich wünsche Dir viel Kraft und Zuversicht auf Deinem Weg zur Genesung. Lass uns gemeinsam daran arbeiten, dass Du Deine Mitte wiederfindest und für die kleinen und großen Herausforderungen auf Deinem Genesungsweg gestärkt und aufgeklärt bist.

Und jetzt wünsche ich Dir viel Freude beim Lesen oder Vorgelesen bekommen.

Deine Christina

Zurück ins Leben

Es war ein sonniger Tag im Juli 2002, als einer meiner allerersten Schlaganfallpatienten in die Praxis kam, in der ich damals angestellt war. Er wurde von seiner Frau begleitet, die mir mit einem besorgten Blick die Situation ihres Mannes schilderte. Mein Patient, ein stattlicher Bauingenieur mit einer Leidenschaft für Holzschnitzerei, hatte durch einen Arbeitsunfall eine Hirnblutung erlitten, die zu einem schweren Schlaganfall führte.

Als er in meine Praxis kam, konnte er nicht gehen, nicht mehr sprechen und war bei allen alltäglichen Tätigkeiten auf Hilfe angewiesen. Er hatte eine Hemiparese auf der linken Seite. Also eine Halbseitenlähmung der linken Körperhälfte. Man konnte ihm ansehen, dass er am Ende war und sehr mit seinem Schicksal haderte. Es war ein herzzerreißender Anblick, der mir sofort zeigte, vor welchen Herausforderungen er stand und wie wichtig es war, dass alle Beteiligten einen guten Job machen. Doch ich spürte auch seinen unbändigen Willen und die Fürsorge seiner Frau. Beide waren bereit, alles zu tun, um seine Lebensqualität zurückzugewinnen.

Über die nächsten drei Jahre hinweg arbeiteten wir intensiv zusammen – Physiotherapie, Ergotherapie und Logopädie verschmolzen zu einer kooperativen Einheit, die darauf abzielte, jeden kleinen Fortschritt zu maximieren. Die ersten Monate waren geprägt von kleinen Schritten: winzige Bewegungen, erste Worte, zaghaftes Lächeln. Jeder Fortschritt wurde mit Jubel und manchmal auch mit Freudentränen gefeiert.

Die Herausforderungen waren hoch. Anfangs war jede Therapieeinheit für meinen Patienten ein Kampf gegen die Schwerkraft und die neurologischen Barrieren, die ihn zurückhielten. Es gab Momente der Frustration und Entmutigung, aber durch seinen unerschütterlichen Glauben an sich selbst, seine Beharrlichkeit und seine Motivation überwand er diese Hürden Stück für Stück.

Und dann, nach vielen Monaten der Therapie, begannen sich die kleinen Siege zu summieren. Mein Patient konnte wieder auf eigenen Beinen stehen, anfangs mit Unterstützung und nur kurz, dann immer stabiler und länger. Seine Sprache kehrte langsam zurück, seine Augen begannen wieder zu leuchten, wenn wir über seine Holzschnitzereien sprachen.

Die Wendung kam dann, als er eines Tages vollständige Sätze formulierte und uns mit einem breiten Lächeln erzählte, wie er die ersten Holzskulpturen seit dem Unfall wieder geschnitzt hatte. Es war ein Moment der Erleichterung und Freude für uns alle, der zeigte, dass die Grenzen der Genesung weit über das hinausreichen können, was wir uns manchmal vorstellen können.

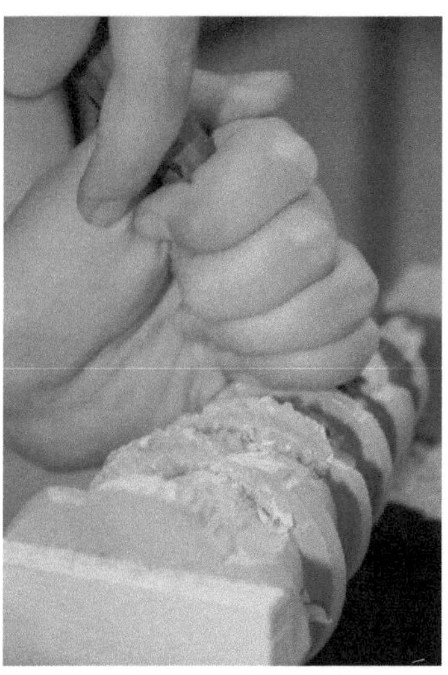

Dieser Patient, sowie viele andere, sind für mich immer noch ein Symbol und Beweis für die unbegrenzte Stärke, die in jedem von uns liegt und die Möglichkeiten, die sich bieten, wenn optimale Therapien und passende Unterstützung aufeinandertreffen. Seine und viele andere Geschichten, die ich bis heute miterleben darf, hat nicht nur mein Verständnis für die Rehabilitation nach einem Schlaganfall geprägt, sondern auch mein Engagement, jeden meiner Patienten auf der Reise zurück in ein erfülltes Leben individuell zu begleiten.

In diesem Buch teile ich nicht nur die Geschichte dieses einen Patienten, sondern auch die Erkenntnisse und Werkzeuge, die ich aus vielen Jahren der Arbeit in der Neurophysiotherapie gewonnen habe. Es ist ein Leitfaden, der Dir helfen soll, Deine eigenen Herausforderungen zu meistern, Deine Fragen zu beantworten und Deine persönliche Mitte nach einem Schlaganfall wieder zu finden.

Schlaganfall verstehen

In diesem Kapitel möchte ich Dir die Thematik eines Schlaganfalls näher bringen. Schlaganfälle sind eine der häufigsten neurologischen Erkrankungen, die plötzlich passieren. Alleine in Deutschland erleiden ca. 270 000 Menschen jährlich einen Schlaganfall und häufig zieht das lebensverändernde Auswirkungen nach sich. Ganz gleich, wie schwer die Schädigung des Gehirns nach einem Schlaganfall ist.

Ich betreue in meiner Praxis Menschen mit den verschiedensten Ausprägungen an Einschränkungen nach Schlaganfällen. Man kann nicht pauschal sagen, dass die Auswirkungen auf das Leben bei schweren Schädigungen schlimmer ist, als bei weniger schweren Schädigungen. Alle Geschichten sind individuell und jeder der Menschen, die zu mir kommen, geht anders mit dem Schicksal um. Ich möchte Dich in diesem Kapitel dafür sensibilisieren und dazu ermutigen, Deine ganz persönliche Geschichte zu respektieren, zu verstehen und gnädig mit Dir zu sein.

Was ist ein Schlaganfall?

Schlaganfälle passieren, wenn Teile des Gehirns plötzlich nicht oder nicht ausreichend durchblutet werden. Dies kann entweder durch einen ischämischen Schlaganfall passieren, also eine Minderdurchblutung, oder durch einen hämorrhagischen Schlaganfall, wenn eine Blutung innerhalb des Gehirns stattfindet.

In der folgenden Infobox siehst Du die Unterschiede zwischen einem ischämischen und einem hämorrhagischen Schlaganfall.

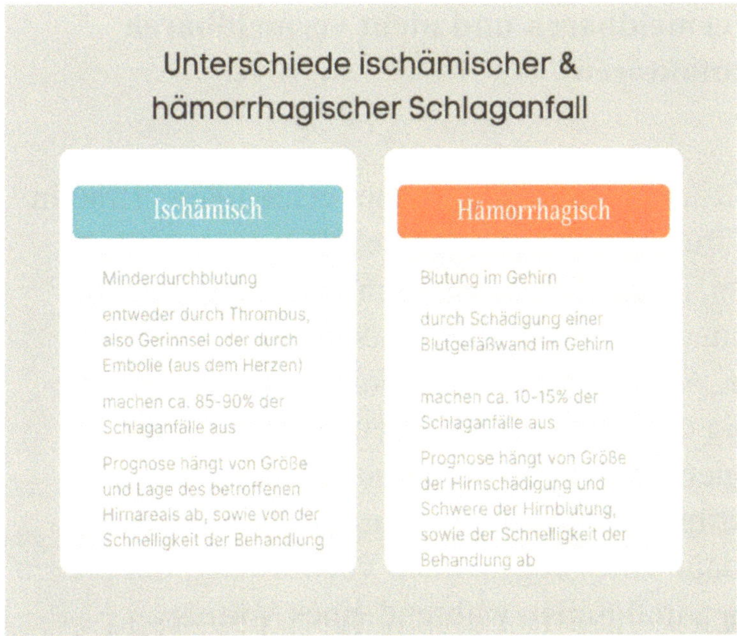

Abbildung 1 Unterschiede zwischen ischämischem und hämorrhagischem Schlaganfall

Auch in der Akutversorgung dieser beiden Formen gibt es Unterschiede. Findet der Schlaganfall durch eine Minderdurchblutung statt, so werden Medikamente verabreicht, die den Thrombus oder die Embolie auflösen.

Bei einem hämorrhagischen Schlaganfall kann durch chirurgische Eingriffe, wie beispielsweise das Einsetzen eines Aneurysma- Clips oder durch endovaskuläre Embolisation versucht werden, die Blutung zu stoppen.

Die vermeidbaren und nicht vermeidbaren Risikofaktoren

Die Geschichte von Lisa, einer echten Powerfrau in ihren frühen 30ern, die ihr Leben in vollen Zügen genoss, ist eine weitere Geschichte einer jungen Person, die ich nach ihrem Schlaganfall begleiten durfte. Als erfolgreiche Produktmanagerin war sie ständig unterwegs, hielt zudem Vorträge und engagierte sich außerordentlich für Ihre Firma. Leider blieb da nicht viel Zeit für ihre Gesundheit. Und dann eines Tages, ohne Vorwarnung, traf sie ein Schlaganfall mitten während eines Vortrags.

Für Lisa änderte sich alles. Die rechte Seite ihres Körpers war gelähmt, ihre Sprache verwaschen und ihre Welt schien sich auf einen Schlag verändert zu haben. Plötzlich musste sie lernen, sich mit einer neuen Realität auseinanderzusetzen - einer Realität, die sie niemals in Erwägung gezogen hatte. Wie viele andere war auch Lisa immer der Meinung, dass ein Schlaganfall nur älteren Menschen passiert.

Wie vielleicht auch Du stand Lisa vor der Herausforderung, die veränderbaren und nicht-veränderbaren Risikofaktoren zu verstehen, die zu ihrem Schlaganfall geführt haben. Das Aufgeben des Rauchens, das sie vorher für relativ harmlos hielt, wurde zu einer der wichtigsten Entscheidungen für ihre Gesundheit. Aufgrund ihrer Geschichte stellte sich heraus, dass es wohl auch eine genetische Belastung innerhalb der Familie gab bezüglich Durchblutungserkrankungen. Das war ein nicht beeinflussbarer Faktor, der sich zeigte. Sie lernte jedoch, dass selbst wenn man nicht alle Risikofaktoren kontrollieren kann, die Aufmerksamkeit auf die veränderbaren einen großen Unterschied machen kann.

Sie erzählte mir damals, dass sie vermutete, dass neben dem Rauchen auch der große Stress in der Firma zu ihrem Schlaganfall geführt hatte. Sie nahm zudem nie ihre Vorsorgeuntersuchungen wahr, wie sie mir berichtete. Rückblickend war wahrscheinlich die Kombination aus Rauchen, Hormonpille zur Verhütung, die genetische Vorbelastung und der Stress verantwortlich dafür, dass der Schlaganfall aufgrund eines Thrombus passierte.

Die Geschichte von Lisa zeigt, dass Prävention und ein bewusstes Leben entscheidend sind. Durch regelmäßige ärztliche Untersuchungen und das Bewusstsein für ihre Gesundheitswerte, fand sie neuen Mut. Die Reise zurück zur Gesundheit war ein harter Weg, der ab und zu von Niederlagen aber auch oft von kleinen Siegen geprägt war - jeder

Schritt, den sie wieder tun konnte, war ein Triumph über den unerwarteten Lebenseinschnitt, die der Schlaganfall in ihr Leben gebracht hatte. Lisa erfand sich selbst neu und lebt heute ein bewusstes und achtsames Leben, bereist die Welt in ihrem Camper und ab und zu sendet sie mir Fotos von ihren Reisen. Ihren Job als Produktmanagerin hat sie verlassen und arbeitet heute, ihrem Hobby dem Reisen entsprechend, in einem Reisebüro.

Als Therapeutin habe ich viele Menschen wie Lisa begleitet, die ihren Weg durch die Rehabilitation fanden. Deren Geschichten sind ein ständiger Reminder für mich und können es auch für Dich sein:

Die Entscheidungen, die wir heute treffen, können unser Morgen formen.

Also nimm Deine Vorsorgeuntersuchungen wahr und nutze präventive Angebote, die Dich und Deine Gesundheit unterstützen. Vor allem priorisiere nach einem bereits stattgefundenen Schlaganfall Deine Gesundheit.

Informiere Dich über Angebote in Deiner Nähe zu gesundheitsfördernden Lebensweisen, wie beispielsweise gesunde Ernährung, Stressresilienz, Ausdauersport und Informationsveranstaltungen zum Thema Gesundheit oder auch Selbsthilfegruppen für Dich und Deine Angehörigen. Am Ende dieses Buches findest Du hierzu weiterführende Informationen.

Wie 4 Buchstaben Leben retten können

Auch wenn Du bereits zu den Stroke Survivorn gehörst, ist es mir wichtig, Dir und auch den Menschen, die Dir nahestehen, anhand der Geschichte von Herrn Schneider zu erzählen, wie wichtig es ist, beim Verdacht auf einen Schlaganfall schnell zu reagieren.

Herr Schneider wurde zu seiner ersten Behandlung von seiner Frau begleitet. In einem ersten Gespräch erzählte sie mir, wie es zu dem Vorfall kam. Ihr Mann konnte sich nicht mehr an alle Details erinnern.

Frau Schneider erzählte mir von dem Sonntag in einem belebten Café. Als sie und ihr Mann gerade einen Kaffee tranken, fiel Frau Schneider auf, dass ihr Mann Schwierigkeiten hatte, die Kaffeetasse anzuheben. Die Schwäche breitete sich laut Frau Schneider schnell auf den gesamten Arm ihres Mannes aus, und Herr Schneiders Worte begannen zu verschwimmen. Frau Schneider sagte, ihr Mann hätte plötzlich gesprochen, als wäre er betrunken. Sie dachte zunächst, er mache Scherze.

Aber als sie ihren Mann bat, die Scherze zu lassen, fiel ihr auf, dass er nicht zu Späßen aufgelegt war. Sie erzählte mir außerdem, dass sie sich dann an einen Artikel erinnerte, in dem das Akronym **FAST** erläutert wurde.

Und dann wurde ihr schnell klar, dass Zeit zu handeln ist. Wahrscheinlich kennst Du die Bedeutung von **FAST**. Ich möchte es aber nochmal erläutern. Zum einen, um für eventuell erneute Schlaganfälle zu sensibilisieren und zum anderen für alle die, die bei ihren Mitmenschen plötzliche Veränderungen feststellen. Anhand des Beispiels von Herrn Schneider möchte ich deutlich machen, wie man vorgehen kann:

F – Face (Gesicht): Frau Schneider überprüfte das Gesicht ihres Mannes. Sie bemerkte, dass sein Mundwinkel auf einer Seite runter hing und er Schwierigkeiten hatte, zu lächeln und deutlich zu reden.

A – Arms (Arme): Sie ließ ihn beide Arme hochheben und stellte fest, dass er ebenso Schwierigkeiten hatte, einen Arm oben zu halten.

S – Speech (Sprache): Als er versuchte, zu reden, war seine Sprache verwaschen und schwer zu verstehen.

T – Time (Zeit): In diesem Moment wusste Frau Schneider, dass Zeit von entscheidender Bedeutung war. Sie handelte sofort und rief den Notruf an, um die Symptome zu beschreiben.

FAST ist also nicht nur ein Akronym, sondern eine lebensrettende Handlungsanweisung.

Schnelles Handeln erhöht die Chancen auf eine optimale Behandlung und Regeneration. Wähle also immer in solch einem Fall die 112 und wenn möglich sag einfach das Wort Schlaganfall, damit sämtliche Rettungskräfte Bescheid wissen und direkt die Stroke Units (spezialisierte Schlaganfallabteilungen in Krankenhäusern) informieren können. Ganz abgesehen von diesen offensichtlichen Symptomen können auch Schwindelgefühle, Sehstörungen oder leichtes und plötzlich auftretendes Stottern oder Wortfindungsstörungen ein Hinweis auf eine neurologische Erkrankung sein. Zögere nicht den Notruf zu wählen. Selbst wenn sich herausstellen sollte, dass alles okay ist, musst Du den Notdienst nicht bezahlen.

Time is Brain

So heißt es. Schnelle Hilfe rettet also Hirngewebe. Im Falle von Herrn Schneider bestätigten die Rettungskräfte später, dass der schnelle Anruf und die klare Beschreibung der Symptome entscheidend waren, um sofort medizinische Hilfe zu erhalten und eine geeignete Stroke Unit anzufahren, in der Herrn Schneider sofort geholfen werden konnte. Herr Schneider konnte wieder fast vollständig gesund werden und die Beeinträchtigungen beschränkten sich lediglich auf eine ganz leichte Lähmung im Gesichtsbereich, die für Laien kaum noch erkennbar ist und eine leichte Schwäche seiner Hand.

Das Beispiel von Herrn Schneider zeigt, dass jede Minute zählt, um die bestmögliche Behandlung zu erhalten und die Folgen eines Schlaganfalls zu minimieren.

Diese Erinnerung an **FAST** soll Dir und Deinen Mitmenschen helfen, in Zukunft schnell zu reagieren, sollte der Verdacht auf einen Schlaganfall bestehen.

Verständnis und Umgang mit einer TIA

TIA ist die Abkürzung für **T**rans**i**schämische **A**ttacke. Im Volksmund wird von einem Mini-Schlaganfall gesprochen. Ich mag diese Bezeichnung gar nicht, denn eine TIA kann ein Vorbote für einen Schlaganfall mit bleibender Hirnschädigung sein. Die anfänglichen Symptome können ähnlich denen eines Schlaganfalls sein.

Bei einer TIA kommt es zu einer kurzzeitigen Minderdurchblutung des Gehirns. Die Symptome verschwinden meist vollständig nach Minuten bis Stunden, allerdings kann eben eine TIA ein Vorbote sein und daher sollte auch hier schnellstmöglich gehandelt und der Notruf getätigt werden.

Man sagt zwar, dass eine TIA keine bleibenden Schädigungen nach sich zieht, jedoch können die Folgen einer TIA Betroffene beeinträchtigen und daher ist es meines Erachtens auch wichtig, die Ängste, Wünsche und auch Sorgen der Betroffenen ernst zu nehmen.

Solltest Du also eine TIA erlitten haben, so suche Dir ein Team aus Fachleuten, die Dich hinsichtlich Deiner Sorgen, Fragen und Ängste ausreichend begleiten und aufklären. Sorge für einen gesunden

Lebenswandel und nimm regelmäßige Check- Ups wahr.

Mythos 1: Schlaganfall ist eine „Alte- Leute- Erkrankung"

Bevor Du selbst einen Schlaganfall hattest, dachtest Du vielleicht auch, dass sowas nur Menschen ab einem bestimmten Alter geschieht.

Ich möchte Dir die Geschichte von meinem jüngsten Patienten erzählen, den ich in meiner Laufbahn als Physiotherapeutin behandelt habe. Ich habe als Neurophysiotherapeutin bereits viele Menschen aller Altersklassen nach Schlaganfall betreut. Wenn Eltern ihre Kinder zur Behandlung zu mir bringen, ist das jedoch für mich als Mama von drei Kindern besonders bedeutsam.

Eine dieser Geschichten gehört Falco, einem Jungen, der im Alter von nur fünf Jahren einen Schlaganfall erlitt und als Folge daraus eine Halbseitenlähmung hatte. Als er mit seiner Mama in meine Praxis kam, zeigte sich mir ein lebhaftes Kind, voller Energie und mit einer ansteckenden Energie und Lebensfreude.

Die Diagnose war ein Schock für seine Familie. Es ist immer aber auch ein Augenöffner dafür, dass Schlaganfälle nicht nur ältere Menschen betreffen können.

Kinder wie Falco können aus verschiedenen Gründen einen Schlaganfall erleiden. Einige mögliche Ursachen sind angeborene Herzfehler, Gefäßanomalien im Gehirn, Infektionen wie Meningitis oder Enzephalitis, Verletzungen des Kopfes oder der Halswirbelsäule und seltene genetische Erkrankungen. In Falcos Fall hatte ein bis dahin nicht bekannter, angeborener Herzfehler zum Schlaganfall geführt. Das verdeutlicht die Vielfalt der Ursachen und die Notwendigkeit einer frühzeitigen Erkennung und Behandlung in jedem Alter.

Durch meine Arbeit mit Falco und einigen anderen sehr jungen Patienten ist es mir ein Anliegen, gängige Mythen und Vorurteile zu entlarven.

Einer dieser Mythen besagt eben, dass Schlaganfälle nur ältere Menschen betreffen.

Die Realität ist jedoch, dass Menschen jeden Alters betroffen sein können, von Neugeborenen bis zu älteren Erwachsenen.

Der Satz „Du bist doch viel zu jung, um einen Schlaganfall zu haben.", ist also weder unterstützend noch richtig.

Mein Ziel ist es, durch meine Arbeit als Therapeutin und durch Informationen wie ich sie in diesem Buch weiter gebe, dazu beizutragen, dass mehr Menschen die notwendige Unterstützung auf medizinischer und auch auf zwischenmenschlicher Ebene erhalten, um ihren Weg zur Genesung erfolgreich zu gestalten.

Mythos 2: Sichtbarkeit eines Schlaganfalls

Ein weiterer Mythos ist der, dass man immer sehen muss, wenn jemand einen Schlaganfall erlitten hat.

Vielleicht hast Du auch schon den Satz gehört: „Du siehts gar nicht aus, wie jemand, der einen Schlaganfall hatte."

Zum einen sind solche Sätze natürlich sehr verletzend und zum anderen zeigen sie nur, wie wenig Bewusstsein und Wissen in der Bevölkerung für neurologische Erkrankungen vorhanden sind.

Wie schwer die Schädigung ist, hängt nicht nur von der Lokalisation und Schwere des Schlaganfalls ab, also in welchem Bereich des Gehirns die Schädigung stattgefunden hat, sondern auch, wie hoch der Leidensdruck bei der betroffenen Person ist. Das ist oftmals auch ganz unterschiedlich und unabhängig von der Schwere des Schlaganfalls.

Zudem ist auch der Genesungsprozess völlig individuell. So durfte und darf ich beispielsweise bei meiner Arbeit erleben, wie Menschen nach einer schweren Hirnschädigung irgendwann wieder Ski gefahren sind, aber auch welche, die nach leichten Schädigungen Schwierigkeiten hatten, wieder in den Alltag zu finden.

Man kann also nicht anhand des Aussehens oder Auftretens festmachen, wie sehr eine Person von einem Schlaganfall betroffen ist, schon gar nicht, wie hoch der Leidensdruck ist.

Mythos 3: Völlige Unselbständigkeit nach Schlaganfall

Eine Begebenheit, von der mir viele meiner Patienten berichten ist, dass über sie hinweg gesprochen wird. So erzählte mir beispielsweise einer meiner Patienten, dass er mit seiner Frau in der Stadt zum Bummeln unterwegs war und sie alte Bekannte trafen. Einer der Bekannten fragte dann die Frau meines Patienten: „Na, wie geht's ihm denn?", woraufhin seine Frau antwortete: „Frag ihn doch, er steht doch vor Dir."

Für einige Deiner Mitmenschen ist es vielleicht schwierig, mit dem Thema Schlaganfall umzugehen. Viele hatten vielleicht bisher nie Berührungspunkte mit Betroffenen und haben Mythen im Kopf, wie eine Person nach einem Schlaganfall wohl sein muss.

Versuche es nicht persönlich zu nehmen. Solche Fragen oder Aussagen lassen mehr darüber erkennen, wie aufgeklärt unsere Gesellschaft über Erkrankungen ist, als dass sie über Dich etwas aussagen.

Auch deswegen liegt mein Buch jetzt vor Dir. Ich möchte aufklären, sensibilisieren und ermutigen in

den Diskurs zu gehen. Vielleicht schaffst Du es,
Botschafterin oder Botschafter zu werden. Für alle
die, die von einem Schlaganfall betroffen sind und
auch für die, die Aufklärung im Umgang mit
Betroffenen benötigen.

Dein Weg zur Rehabilitation

Der Weg zur Rehabilitation nach einem Schlaganfall ist eine ganz persönliche Reise, die Zeit, Geduld und Entschlossenheit erfordert. Diese Reise ist in mehrere Phasen unterteilt, die darauf abzielen, Deine Genesung bestmöglich zu unterstützen. Vielleicht bist Du gerade noch im Krankenhaus und weißt gar nicht, wie es weiter gehen soll, vielleicht wurdest Du auch gerade entlassen und Dein Aufenthalt in der Reha steht an. Vielleicht gehörst Du aber auch zu denen, die schon in einer Praxis zur weiteren Therapie betreut werden. In diesem Kapitel möchte ich Dir alle Möglichkeiten zeigen, die Du in den einzelnen Phasen hast, worauf Du achten kannst und welche Fragen Du an Dein medizinisches Team stellen solltest, um die besten Voraussetzungen für Deine Genesung zu schaffen.

Akutphase

In der akuten Phase nach dem Schlaganfall steht zunächst die Stabilisierung Deines Gesundheitszustandes im Vordergrund. Du wirst möglicherweise medizinisch überwacht, um sicherzustellen, dass keine weiteren Komplikationen auftreten. Diese Phase ist entscheidend, um Dich auf

die nächsten Schritte der Rehabilitation
vorzubereiten.

Frührehabilitation

Sobald Dein Zustand stabilisiert ist, beginnt die
Frührehabilitation. Hier konzentrieren sich speziell
ausgebildete Therapeuten auf die Wiederherstellung
grundlegender Funktionen wie z.B. Beweglichkeit,
Sprechen und Schlucken. Du wirst durch gezielte
Übungen und Therapien unterstützt, um Deine
motorischen, kognitiven und psychischen
Fähigkeiten wiederzuerlangen und Deine
Unabhängigkeit im Alltag zu fördern.

Anschließende Phase

Die anschließende Phase der
Rehabilitationsbehandlung konzentriert sich auf eine
intensivere Therapie, die darauf abzielt, Deine
Fortschritte zu festigen und weiter zu verbessern.

Dies kann ambulant in einer spezialisierten
Einrichtung erfolgen, wie das zum Beispiel in
meiner Praxis oder Praxen von Kolleginnen und
Kollegen mit Spezialisierung im Bereich der
neurologischen Rehabilitation der Fall ist, wo Du
Unterstützung durch Neurophysiotherapie,
Ergotherapie und Logopädie erhältst. Diese

ganzheitliche Herangehensweise ist darauf ausgerichtet, Deine körperlichen und geistigen Fähigkeiten zu stärken und Deine Lebensqualität zu verbessern. Informiere Dich, welche Therapeuten speziell ausgebildet sind. Nicht alle Physiotherapeuten, Ergotherapeuten oder Logopäden sind im Bereich der neurologischen Therapien speziell ausgebildet. Es ist ähnlich wie bei Ärztinnen und Ärzten, die eine Fachrichtung haben.

Die langfristige Rehabilitation und das Management umfassen die Anpassung an Veränderungen im Alltag und die Integration von Strategien zur langfristigen Gesundheitsförderung. Dies kann die Anpassung Deiner Umgebung, die Nutzung von Hilfsmitteln und die Fortsetzung von Übungsprogrammen umfassen, um Deine Funktionsfähigkeit aufrechtzuerhalten und zu verbessern.

Die Rehabilitation nach einem Schlaganfall ist eine kontinuierliche Reise, die von individuellen Fortschritten und Herausforderungen geprägt ist. Mit der richtigen Unterstützung und Deiner eigenen Motivation kannst Du Deine Genesung vorantreiben und neue Wege finden, um Deine Ziele zu erreichen. Wir als speziell ausgebildete Therapeutinnen und

Therapeuten sind hier, um Dich auf jedem Schritt dieser Reise zu unterstützen und zu begleiten.

Im Folgenden möchte ich Dir ein wenig Informationen geben, wie Du Dir das richtige Team aus Therapeutinnen und Therapeuten zusammenstellen kannst.

Für die Rehabilitation nach einem Schlaganfall gibt es wissenschaftlich fundierte Therapiemethoden, die alle neurologisch ausgebildeten Therapeutinnen und Therapeuten kennen und nach ihnen handeln.

Wichtige Fragen an Deine Therapeutinnen und Therapeuten

Leider höre ich immer wieder, dass Patientinnen und Patienten sich nicht ausreichend betreut und aufgeklärt gefühlt haben, obwohl das ihr Recht ist.

Manchmal wird mir erzählt, dass einfach „drauf los" behandelt wurde ohne vorherige Aufklärung.

Ich habe Dir auf der nächsten Seite eine Liste mit Fragen erstellt, die Du Deinen Therapeutinnen und Therapeuten stellen kannst, um aufgeklärt Deine Behandlungen zu erhalten. Im besten Falle musst Du gar nicht nachfragen und Deine Therapeutin oder Dein Therapeut klärt Dich zu Beginn und innerhalb Deiner Behandlungen immer wieder über die Behandlungen auf und gestaltet mit Dir gemeinsam Deinen individuellen Therapieplan. Das bedeutet vor allem, dass auf Deine Sorgen, Fragen und Wünsche eingegangen wird.

Fragenkatalog

- Welche spezifischen Therapien empfehlen Sie mir aufgrund meines individuellen Zustands und meiner Symptome?
- Wie häufig und über welchen Zeitraum sollten die Therapiesitzungen stattfinden, um optimale Ergebnisse zu erzielen?
- Welche Ziele setzen wir für meine Rehabilitation, und wie werden wir meinen Fortschritt messen?
- Welche wissenschaftlichen Erkenntnisse und aktuellen Studien stützen die vorgeschlagenen Behandlungsansätze?
- Gibt es spezielle Übungen oder Techniken, die ich zu Hause durchführen kann, um meine Rehabilitation zu unterstützen?
- Wie kann ich meine Familie und Freunde in meine Therapie einbeziehen, um zusätzliche Unterstützung zu erhalten?
- Welche anderen Fachleute (z.B. Logopäden, Ergotherapeuten, Neuropsychologen) sollten in mein Rehabilitationsprogramm einbezogen werden?

- Welche Hilfsmittel oder Technologien können meine Therapie unterstützen und meine Unabhängigkeit im Alltag fördern?
- Wie gehen wir mit möglichen Rückschlägen oder langsamen Fortschritten um, und welche Anpassungen können dann vorgenommen werden?
- Welche langfristigen Strategien empfehlen Sie, um die erzielten Fortschritte zu erhalten und mein Risiko für weitere Schlaganfälle zu minimieren?

Füge diesem Fragenkatalog gerne Deine weiteren Fragen zu:

- _______________________________________

  ____

  ____

- _______________________________________

  ____

  ____

- _______________________________________

  ____

  ____

  _____

Dein Reha Team

Ich möchte Dir in diesem Abschnitt anhand eines Patientenbeispiels erklären, wie sich vielleicht auch Deine Rehabilitation gestalten kann.

Die Genesungsgeschichte von Stephan ist hierfür sehr eindrücklich. Stephan kam nach einem schweren Autounfall in die Frührehabilitation einer neurologischen Fachklinik, in der ich damals noch während meiner Ausbildung tätig war. Er war vor seinem Unfall ein aktiver Sportler, der das Leben in vollen Zügen genoss, bis ein tragischer Auffahrunfall auf der Autobahn das Leben des damals 45-jährigen auf den Kopf stellte. Der Unfall führte zu einem schweren Schlaganfall, und Stephan musste sich einer langen und intensiven Rehabilitation unterziehen.

Seine Geschichte zeigt, wie ein starkes Rehabilitationsteam dazu beitragen kann, dass man sich wieder in ein neues, erfülltes Leben zurückkämpft.

Nach dem Unfall war Stephan zunächst vollkommen abhängig von der Hilfe anderer. Er konnte weder sprechen, sich selbständig versorgen, essen, noch sich eigenständig bewegen. Doch das

Rehabilitationsteam stand ihm von Anfang an zur Seite. Jedes Teammitglied spielte eine wichtige Rolle in seinem Heilungsprozess.

Die Neurologin war der erste Ansprechpartnerin, die Stephans Zustand nach dem Schlaganfall beurteilte und die notwendigen medizinischen Behandlungen einleitete. Sie überwachte seine Fortschritte und passte die Medikation an, um das Gehirn bestmöglich zu unterstützen und weitere Komplikationen zu vermeiden.

Die Physiotherapeuten begannen unmittelbar mit Stephans körperlicher Rehabilitation. Meine Aufgabe war es, seine Beweglichkeit und Kraft wiederherzustellen. Wir starteten mit kleinen Übungen, um seine Muskeln zu stimulieren und Bewegungsabläufe zu verbessern. Ich erinnere mich an die ersten Wochen, als Stephan es irgendwann schaffte, seine Hand minimal zu bewegen – ein kleiner, aber bedeutender Erfolg, der uns beide motivierte.

Die Ergotherapeuten arbeiteten daran, Stephans Selbstständigkeit im Alltag wiederherzustellen. Sie zeigten ihm, wie er alltägliche Aufgaben, wie das Anziehen und Essen, neu erlernen konnte. Durch gezielte Übungen und Hilfsmittel lernte Stephan, seine Feinmotorik zu verbessern und sich wieder selbstständig zu versorgen.

Die Logopäden halfen Stephan, seine Sprechfähigkeiten zurückzugewinnen. Anfangs konnte er nur wenige Worte murmeln, aber durch regelmäßige Übungen und Geduld entwickelte er langsam seine Kommunikationsfähigkeiten zurück. Die Logopäden zeigten Stephan auch Techniken, um mit Sprachbarrieren umzugehen, was ihm half, Frustrationen zu überwinden.

Die Neuropsychologin spielte ebenfalls eine entscheidende Rolle. Sie unterstützte Stephan dabei, kognitive Fähigkeiten wie Gedächtnis und Konzentration wieder aufzubauen. Darüber hinaus half sie ihm, mit den emotionalen Herausforderungen umzugehen, die mit der Genesung einhergingen. Sie bot ihm Strategien an, um Ängste zu bewältigen und seine mentale Stärke zu fördern.

Die Sozialarbeiterin stand Stephan und seiner Familie zur Seite, um die soziale und finanzielle Unterstützung zu koordinieren. Sie half dabei, Anträge für Pflegeleistungen zu stellen und den Übergang von der Klinik in den Alltag zu organisieren.

Dieses interdisziplinäre Team, sowie alle interdisziplinären Teams arbeiten eng zusammen, um sicherzustellen, dass wie im Falle von Stephan die bestmögliche Betreuung gewährleistet ist. Jeder einzelne Fachbereich bringt bei der interdisziplinären Zusammenarbeit sein Fachwissen und seine Erfahrung ein, um einen umfassenden Rehabilitationsplan zu erstellen, der auf Deine individuellen Bedürfnisse abgestimmt ist.

Deine eigene Rehabilitation kann ähnlich verlaufen, wie die von Stephan. Indem Du Dich auf die Unterstützung Deines Reha- Teams verlässt und aktiv an Deinem Genesungsprozess teilnimmst, kannst auch Du große Fortschritte erzielen und ein neues Kapitel in Deinem Leben schreiben. Eines ist wichtig: Bleib immer kritisch und stelle alle Fragen, die Du hast!

Dein Gehirn organisiert sich neu- Neuroplastizität

Dein Gehirn hat eine faszinierende Fähigkeit und diese Fähigkeit nennen wir „Neuroplastizität".

Das bedeutet, dass Dein Gehirn auch nach einem Schlaganfall in der Lage ist, sich selbst neu zu organisieren und neue Verknüpfungen zu schaffen.

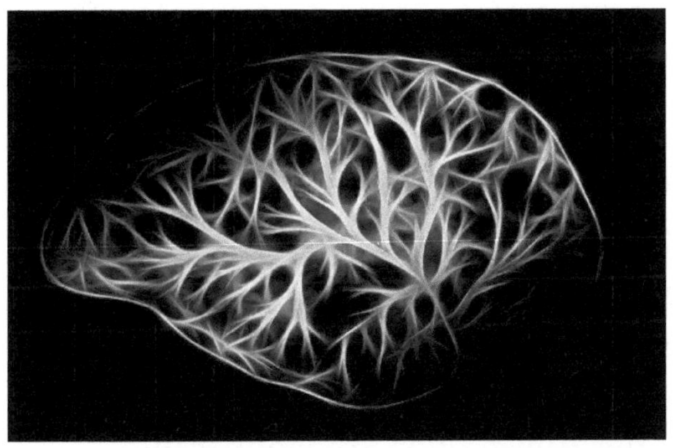

Durch Neuroplastizität können wir beispielsweise noch bis ins hohe Alter neue Sprachen lernen. Aber eben auch nach Verletzungen heilen und Fähigkeiten neu erlernen.

Dein Gehirn passt sich also neuen Herausforderungen an und bildet neue neuronale Verknüpfungen, also Verbindungen, die Du benötigst, um zu heilen oder Neues zu lernen. Für uns als Therapeutinnen und Therapeuten, sowie für neurologisch erkrankte Menschen spielt diese Fähigkeit in der Rehabilitation eine wichtige Rolle. Durch gezielte Therapiemethoden können also verlorene Fähigkeiten zurückgewonnen, neue Wege zur Bewältigung von beispielsweise Bewegungen gefunden und wieder mehr Lebensqualität erlangt werden.

Hierfür gibt es spezielle Techniken, die neurologisch spezialisierte Therapeutinnen und Therapeuten kennen und deren Wirksamkeit durch Studien belegbar ist.

Das bedeutet für Dich beispielsweise, dass Bewegungen Deiner Hand durch gezielte Therapien wieder möglich sind, um alltägliche Aufgaben wieder erledigen zu können. Eine valide Methode ist zum Beispiel der Einsatz der Forced Use Methode oder aber auch der Einsatz der Spiegeltherapie. Sprich Deine Therapeutinnen oder Therapeuten gerne darauf an, welche Methoden und Therapiemaßnahmen in Deinem Fall geeignet sind.

Zurück zu physischer und psychischer Balance

Vielleicht bist Du gerade in einer Phase, in der Du gerne wissen möchtest, wie Du nach dem Schlaganfall wieder zu körperlicher und seelischer Balance finden kannst.

Nach einem Schlaganfall ist es entscheidend, sowohl die körperliche als auch die psychische Balance wiederzufinden. Die Rehabilitation umfasst daher nicht nur physische Übungen, sondern auch psychische Unterstützung, um Deine ganzheitliche Genesung zu fördern.

Physische Rehabilitation: Mobilität und Kraft zurückgewinnen

Ein zentraler Bestandteil der Rehabilitation ist die Wiederherstellung der körperlichen Fähigkeiten. In der Physiotherapie arbeite ich mit meinen Patientinnen und Patienten daran, die Beweglichkeit, Kraft und Koordination zu verbessern, um den Alltag wieder meistern und auch alte oder neue Hobbies wieder pflegen zu können.

Die meisten meiner Patienten nach Schlaganfall haben Schwierigkeiten, sich zu bewegen. Schritt für Schritt arbeiten wir in der Physiotherapie gemeinsam daran, die Mobilität zurückzugewinnen. Dieser Weg gestaltet sich bei jeder Person anders. Je nach Ausprägung der Einschränkungen kommen unterschiedliche Techniken und Behandlungsmethoden, deren Wirksamkeit durch Studien belegbar sind zum Einsatz.

Interdisziplinäre Zusammenarbeit

In enger Zusammenarbeit mit Kolleginnen und Kollegen aus Ergotherapie und Logopädie, sowie Orthopädietechnikern unterstützen wir Dich, Deine persönlichen Ziele zu erreichen. Im besten Falle arbeiten alle Professionen eng zusammen als interdisziplinäres Team. Das ist für Dich von Vorteil, wenn Du Therapeutinnen und Therapeuten findest, die Hand in Hand für Deine Genesung arbeiten. Solch eine interdisziplinäre Arbeit ist gewährleistet innerhalb von Praxen, in denen Physios, Ergos und Logos zusammen unter einem Dach arbeiten, aber auch, wenn einzelne Praxen miteinander an der Rehabilitation von Patienten arbeiten und sich austauschen.

Psychische Rehabilitation: Mentale und emotionale Balance finden

Neben der physischen Rehabilitation ist es genauso wertvoll, sich um die psychische Gesundheit nach einem Ereignis wie einem Schlaganfall zu kümmern.

Ein Schlaganfall kann eine enorme emotionale Belastung darstellen. Das weißt Du wahrscheinlich selbst am Besten.

Gefühle von Traurigkeit, Angst, Verzweiflung, Selbstverurteilung oder Frustration sind keine Seltenheit. In meiner Praxis unterstütze ich meine Patienten dabei, auch diese Aspekte ihrer Genesung zu bewältigen und arbeite eng mit Fachleuten aus der Psychotherapie zusammen.

Die Geschichte von Frau Marschall, einer weiteren Patientin, zeigt, wie entscheidend das ist. Meine Patientin fühlte sich nach ihrem Schlaganfall oft überwältigt und hilflos, sie verurteilte sich selbst, weil sie das Gefühl hatte, alles sei nur passiert, weil sie nicht genügend auf sich geachtet hatte. Diese Gedanken bremsten sie in ihrer Genesung sehr aus.

Fear of missing (FOMO) out in der Rehabilitation

Hinzu kam Angst, nicht genügend zu üben oder sich nach dem Schlaganfall nicht ausreichend um ihre Gesundheit kümmern zu können. Durch Gespräche und die Unterstützung einer Neuropsychologin lernte sie, ihre Emotionen zu verstehen und zu verarbeiten. Sie fand Wege, gnädig mit sich selbst umzugehen und in wohlwollenden Selbstgesprächen Kraft und Zuversicht zu finden. In der Physiotherapie arbeiteten wir gemeinsam an Techniken zur Stressbewältigung und emotionalen Stabilität. Frau Marschall lernte in der Physiotherapie, Strategien selbst zu entwickeln, um mit Freude und Leichtigkeit und ohne Stress mit und für ihren Körper arbeiten zu können.

Ein sehr wertvoller Aspekt ist daher, auch bei Rückschlägen im Genesungsprozess zu wissen, wie man sich selbst helfen kann und auch auf diesem Weg begleiten Dich Deine Therapeutinnen und Therapeuten empathisch und verantwortungsvoll.

Ganzheitlicher Ansatz: Körper und Geist in Einklang bringen

Die Kombination aus physischer und psychischer Rehabilitation ist der Schlüssel zur Wiedererlangung der Balance. Es ist wichtig, dass Du Dich nicht nur auf die körperlichen Aspekte konzentrierst, sondern auch auf Deine geistige und emotionale Gesundheit achtest. Regelmäßige Bewegung und Übungen helfen nicht nur Deinem Körper, sondern können auch Deine Stimmung verbessern und Stress abbauen.

Aktivitäten wie Yoga oder Tai Chi können zusätzlich zur Physiotherapie beitragen, indem sie sowohl Deine körperliche als auch Deine mentale Stärke fördern.

Biopsychosoziales Modell

Wir als Therapeutinnen und Therapeuten geben unser Bestes, Dich unter dem Aspekt eines biopsychosozialen Modells zu sehen.

Das bedeutet, dass wir auf **biologischer** Ebene betrachten, welche körperlichen Funktionen vorhanden sind und welche noch Unterstützung benötigen.

Auf **psychischer** Ebene schauen wir, welche Ressourcen als Stärken und Potenziale zu Du hast, um Deinen Genesungsweg zu bestreiten.

Auf **sozialer** Ebene beziehen wir Dein soziales Umfeld mit ein. Das können zum Beispiel Deine Familie, Deine Freunde oder Deine Arbeitskolleginnen und -kollegen sein.

All diese Aspekte sind von Person zu Person unterschiedlich und fließen mit ein in Deinen individuellen Therapieplan.

Praktische Tipps zur Balance- Routinen

Um Deine physische und psychische Balance wiederzufinden, ist es beispielsweise hilfreich, Routinen und Rituale in Deinen Alltag zu integrieren. Das können neue Routinen oder Rituale sein, oder auch welche aus Zeiten vor Deinem Schlaganfall, die Dir Sicherheit und Ruhe geben.

Sprich Dein Reha- Team darauf an, damit sie Dir helfen können, neue gesunde Routinen zu finden und zu etablieren oder alte wieder zu entdecken. Plane regelmäßige Übungseinheiten ein und setze Dir kleine, erreichbare Ziele.

Achte darauf, ausreichend Ruhepausen einzulegen und Deinen Körper nicht zu überlasten.

Sprich über Deine Gefühle und suche Unterstützung, wenn Du sie brauchst. Wir als Fachleute sind für Dich da!

Das Vertrauen in Deine Fähigkeiten ist entscheidend für Deinen Fortschritt und wir helfen Dir, dieses Vertrauen wieder zu erlangen.

Was, wenn ich all das nicht in meinen Therapien bekomme?

Solltest Du das Gefühl haben, nicht adäquat behandelt und betreut zu werden, so scheu Dich nicht, das anzusprechen und wenn nötig auch andere Therapeutinnen und Therapeuten aufzusuchen.

Es ist ebenso wichtig, dass die „Chemie" zwischen Dir und den Therapeutinnen und Therapeuten stimmt.

Und ganz wichtig: Es geht um Dich und Deine Gesundheit!

Die Reise zur Wiedererlangung der körperlichen und psychischen Balance ist individuell und einzigartig.

Es wird Tage geben, an denen Du Dich stark fühlst, und andere, an denen Du Herausforderungen gegenüberstehst, von denen Du denkst, dass Du sie nicht bewältigen kannst.

Versuche, in solchen Momenten geduldig und gnädig mit Dir selbst zu sein, Dir Deine Erfolge, die Du bisher geschafft hast, immer wieder vor Augen zu führen und nutze die Unterstützung Deines Rehabilitationsteams.

Gemeinsam können wir es schaffen, dass Du Deine Mobilität und mentale Stärke zurückgewinnst und ein erfülltes Leben nach dem Schlaganfall führst.

Freunde und Familie

Auch die Frage „Wie kommuniziere ich meine Sorgen mit Freunden und Familie?", ist eine, die mir häufig im Praxisalltag mit meinen Patienten begegnet. Manchmal höre ich Aussagen, wie: „Ich möchte meine Familie nicht belasten mit meinen Problemen.", oder, „Ich möchte niemandem zur Last fallen.", oder auch, „Ich will nicht, dass die sich Sorgen um mich machen."

Kennst Du eine solche oder ähnliche Aussage von Dir?

Ein Schlaganfall betrifft nicht nur Dich als betroffene Person selbst, sondern auch Deine Familie, Freunde oder Dein berufliches Umfeld. Die

Unterstützung durch Angehörige kann entscheidend für Deine Genesung sein.

Ich weiß jedoch aufgrund meiner langjährigen Tätigkeit, dass viele Schwierigkeiten haben, ihre Sorgen und Ängste mit den engsten Vertrauten zu kommunizieren.

Die Geschichte meines Patienten Paul zeigt, wie wichtig offene Gespräche sind und wie sie den Heilungsprozess positiv beeinflussen können.

Paul war ein passionierter 62-jähriger Golfspieler, als er einen Schlaganfall erlitt. Plötzlich sah er sich mit zahlreichen Herausforderungen konfrontiert – sowohl physisch als auch emotional. Eine der größten Hürden war für ihn die Kommunikation mit seiner Familie. Er hatte das Gefühl, eine Last zu sein, und zog sich immer mehr zurück. Seine Frau, Kinder und Enkel merkten, dass etwas nicht stimmte, wussten aber nicht, wie sie ihm helfen konnten.

Eines Tages, während einer Therapiesitzung, sprach Paul das Thema bei mir an. Er erzählte mir, dass er sich schuldig fühle und Angst habe, seine Familie zu belasten. Gemeinsam mit der Psychologin entwickelten wir einen Plan, wie er seine Sorgen offen ansprechen und gleichzeitig seine Familie in den Genesungsprozess einbeziehen könnte.

Er begann mit kleinen Schritten. Zunächst ermutigten wir Paul, ein offenes Gespräch mit seiner Frau zu führen. In einem ruhigen Moment setzte er sich mit ihr zusammen und erzählte von seinen Ängsten und Gefühlen. Zu seiner Überraschung reagierte sie mit Verständnis und Erleichterung. Sie hatte sich Sorgen gemacht, weil sie nicht wusste, wie sie ihm helfen konnte, und war froh, dass er nun bereit war, darüber zu sprechen und sich von ihr helfen zu lassen.

Paul erkannte, dass seine Familie ebenso betroffen war und sich ebenfalls Sorgen machte. Indem er offen über seine Ängste sprach, gab er ihnen die Möglichkeit, ihn zu unterstützen. Seine Frau schlug vor, dass sie regelmäßige Familiengespräche einführen könnten, um über seine Fortschritte und Herausforderungen zu sprechen. So konnten sie gemeinsam Lösungen finden und sich gegenseitig unterstützen.

Auch seine Kinder wurden einbezogen. Sein Sohn, der Sportlehrer ist, half ihm, Übungen zu Hause durchzuführen und motivierte ihn, aktiv zu bleiben. Paul merkte, dass er nicht allein war und dass seine Familie bereit war, gemeinsam mit ihm diesen Weg zu gehen. Die offenen Gespräche stärkten die Familienbande und gaben Paul das Vertrauen, dass er auf seine Lieben zählen konnte.

Freunde spielten ebenfalls eine wichtige Rolle. Paul begann, sich mit engen Golf- Freunden auszutauschen. In diesen Gesprächen fand er Verständnis und Unterstützung. Seine Freunde boten praktische Hilfe an, wie Fahrten zu Therapieterminen, kleinere Golftrainings oder einfach nur ein offenes Ohr, wenn er reden wollte.

Die Erfahrung mit meinen Patientinnen und Patienten hat mir bisher gezeigt, dass die meisten Mitmenschen sehr wohl interessiert sind, sich am Genesungsprozess ihrer Liebsten aktiv zu beteiligen. Daher scheue Dich nicht, Deine Sorgen, Ängste, Wünsche, Deine Gedanken zu teilen.

Die soziale Unterstützung ist ein wesentlicher Faktor für Deine Genesung. Offene Kommunikation hilft Dir und Deinen Mitmenschen, Ängste abzubauen und emotionale Belastungen zu teilen. Es ermöglicht allen Beteiligten, sich einzubringen und gemeinsam Wege zu finden, um den Alltag nach einem einschneidenden Erlebnis wie nach einem Schlaganfall zu meistern.

Für Dich ist es wichtig zu wissen, dass Du nicht allein bist. Deine Familie und Freunde möchten Dir helfen und sind bereit, Dich zu unterstützen. Indem Du offen über Deine Gefühle und Bedürfnisse sprichst, gibst Du ihnen die Möglichkeit, aktiv zu werden. Zögere nicht, Deine Sorgen zu teilen und um Hilfe zu bitten. Eine starke soziale Unterstützung kann einen großen Unterschied in Deinem Genesungsprozess machen und Dir helfen, wieder ein erfülltes Leben zu führen.

Und solltest Du manche Themen nicht mit Deinen Liebsten besprechen wollen oder können, so stehen wir Dir als professionell ausgebildete Therapeutinnen und Therapeuten jederzeit mit offenen Ohren und absoluter Diskretion zur Verfügung. Nimm diese Angebote wahr.

Ebenso hast Du die Möglichkeit, Dich einer Selbsthilfegruppe anzuschließen. Im Anhang habe ich Dir hierzu einige weiterführenden Adressen zusammengestellt.

Auch eine professionelle psychologische Betreuung ist empfehlenswert, um Deine emotionale Genesung nach einem Schlaganfall gezielt zu fördern.

Stelle Dir Dein Team aus Profis für Deine Gesundheit zusammen.

Rechtliche und finanzielle Aspekte

Nach einem Schlaganfall kann die Bewältigung der rechtlichen und finanziellen Herausforderungen unglaublich überwältigend sein. Viele Fragen und Sorgen prasseln vielleicht auf Dich ein und immer wieder stehst Du vor neuen Herausforderungen, die nicht nur Deine körperliche Genesung betreffen.

Es ist wichtig, dass Du gut informiert bist, um Deine Rechte zu kennen und die notwendige Unterstützung zu erhalten. In diesem Kapitel geht es um rechtliche Informationen, finanzielle Unterstützung sowie die notwendigen Anträge und Formulare.

Patientenrechte und gesetzliche Bestimmungen

Als Schlaganfall-Patient hast Du bestimmte Rechte, die Dir gesetzlich zustehen. Es ist wichtig, dass Du diese Rechte kennst und wahrnimmst.

Dein Recht auf Information: Du hast das Recht, umfassend über Deine Diagnose, Behandlungsmöglichkeiten und den Behandlungsverlauf informiert zu werden. Dein medizinisches Team muss Dir verständlich erklären, was auf Dich zukommt und welche Entscheidungen Du treffen kannst.

Einwilligung in Deine Behandlungen: Vor jeder Behandlung muss Deine informierte Einwilligung eingeholt werden. Du hast das Recht, Behandlungen abzulehnen oder alternative Optionen zu erfragen.

Dein Datenschutz: Deine medizinischen Daten sind vertraulich und dürfen nur mit Deiner Zustimmung weitergegeben werden. Deine Privatsphäre ist zu schützen.

Beschwerderecht: Solltest Du mit der Behandlung oder dem Verhalten des medizinischen Personals unzufrieden sein, hast Du das Recht, Dich zu beschweren und eine Überprüfung zu verlangen.

Dein Recht auf Selbstbestimmung: Medizinische Behandlungen dürfen nur mit Deinem Einverständnis durchgeführt werden.

Mehr Informationen zu Patientenrechten findest Du auf den Seiten des Bundes Gesundheitsministeriums.

Finanzielle Unterstützung und Anträge

Ein Schlaganfall bring nicht selten finanzielle Belastungen mit sich. Es gibt jedoch verschiedene Unterstützungsangebote, die Dir helfen können:

Krankenversicherung: Deine Krankenversicherung übernimmt in der Regel die Kosten für die medizinische Behandlung und Rehabilitation. Es ist wichtig, dass Du Dich über die genauen Leistungen Deiner Versicherung informierst und gegebenenfalls notwendige Anträge stellst. Auch als privat versicherte Person ist es sinnvoll, sich mit den Versicherern über die genauen Leistungen auszutauschen.

Pflegeversicherung: Wenn Du durch den Schlaganfall pflegebedürftig geworden bist, kannst Du Leistungen aus der Pflegeversicherung beantragen. Dies umfasst sowohl finanzielle

Unterstützung als auch Sachleistungen, wie die Hilfe durch einen Pflegedienst.

Schwerbehindertenausweis: Ein Schlaganfall kann zu dauerhaften Beeinträchtigungen führen. Du hast die Möglichkeit, einen Schwerbehindertenausweis zu beantragen, der Dir bestimmte Rechte und Vergünstigungen, wie Steuererleichterungen und kostenlose Beförderung im öffentlichen Nahverkehr, gewährt.

Rehabilitation und Rehabilitationssport: Zusätzlich zur medizinischen Rehabilitation kannst Du Rehabilitationssport beantragen, der von der Krankenkasse unterstützt wird. Dies hilft Dir, Deine körperliche Fitness zu verbessern und soziale Kontakte zu knüpfen. Zudem ist Rehabilitationssport eine Maßnahme, deren Wirkung wissenschaftlich belegt ist.

Anträge und Formulare

Auch der Papierkram, der eventuell auf Dich zukommt, kann überwältigend sein, aber es gibt Stellen, die Dir dabei helfen können:

Sozialdienste und Sozialarbeiter: In vielen Krankenhäusern und Rehabilitationszentren gibt es Sozialdienste, die Dir bei der Beantragung von

Leistungen und dem Ausfüllen von Formularen helfen können. Frag am Besten auf der Station nach oder lass Deine Familienangehörige nachfragen.

Pflegestützpunkte: Diese bieten Beratung und Unterstützung bei der Beantragung von Pflegeleistungen und informieren Dich über weitere Hilfsangebote.

Selbsthilfegruppen: Der Austausch mit anderen Betroffenen kann nicht nur emotional unterstützen, sondern auch praktische Tipps zur Bewältigung des Alltags und der Bürokratie bieten. Über die Seite der Deutschen Schlaganfall Hilfe findest Du Adressen zu Selbsthilfegruppen. Die Informationen findest Du am Ende des Buches.

Wo Du Hilfe bekommst

Falls Du zusätzliche Unterstützung benötigst, gibt es verschiedene Anlaufstellen.

Deine Ärzte oder Therapeuten: Sie können Dir Informationen zu den notwendigen Anträgen und Adressen von Beratungsstellen geben.

Krankenkasse und Pflegekasse: Diese bieten oft Beratungsdienste an, die Dir bei der Beantragung von Leistungen helfen.

Sozialverbände: Organisationen wie der Sozialverband VdK oder der Paritätische Wohlfahrtsverband bieten Beratung und Unterstützung bei rechtlichen und finanziellen Fragen.

Online-Ressourcen: Viele Informationen und Formulare sind online verfügbar. Offizielle Webseiten von Krankenkassen, Pflegekassen und sozialen Diensten bieten Dir umfassende Informationen und oft auch die Möglichkeit, Anträge online zu stellen.

Dein Weg nach einem Schlaganfall kann herausfordernd sein, aber mit dem Wissen über Deine Rechte und die verfügbaren Unterstützungsmöglichkeiten bist Du besser vorbereitet. Nutze die Hilfsangebote und scheue Dich nicht, Unterstützung zu suchen. Dafür sind alle Anlaufstellen da.

So kannst Du Dich auf das Wichtigste konzentrieren: Deine Genesung und die Rückkehr zu einem erfüllten Leben!

Pläne und Ziele

Durch meine über 20-jährige Tätigkeit als Neurophysiotherapeutin ist mir sehr bewusst, dass es nach einem Schlaganfall herausfordernd sein kann, wieder klare Ziele für die Zukunft zu setzen. Manchmal kann man sich auch gar nicht vorstellen, Ziele zu erreichen oder sieht vielleicht den Sinn in Planung nicht. Was ich aber auch in meiner langjährigen Tätigkeit als Physiotherapeutin gesehen hab und immer noch sehe, ist, dass die Planung und Verfolgung neuer Gesundheitsziele entscheidend sind für Deine Genesung und ein erfülltes Leben. Bleib zuversichtlich, denn es ist so vieles möglich.

In diesem Kapitel möchte ich Dir ein wenig Werkzeug an die Hand geben, wie Du motivierende Ziele setzen kannst. Zudem zeige ich Dir, wie Du die SMART-Methode anwenden kannst. Außerdem erfährst Du, wie Du persönliche und berufliche Ziele formulieren kannst.

Deine Gesundheitsziele

Der erste Schritt auf Deinem Weg zur Genesung ist die Definition Deiner Gesundheitsziele. Diese Ziele sollten Dich motivieren und Dir eine klare Richtung geben. Deine Ziele können sich auch ändern, bleib also auch flexibel in Deinen Zielformulierungen und pass immer mal wieder an. Überlege Dir, was Du erreichen möchtest: Möchtest Du wieder selbstständig gehen können? Möchtest Du Deinem Hobby wieder nachgehen?

Die SMART-Methode

Die **SMART**-Methode ist ein bewährtes Werkzeug, um klare und erreichbare Ziele zu formulieren. SMART steht für **s**pezifisch, **m**essbar, erreichbar (**a**chievable), **r**elevant und zeitgebunden (**t**imebound).

So kannst Du diese Methode anwenden:

Spezifisch: Definiere Dein Ziel so genau wie möglich. Zum Beispiel: „Ich möchte wieder jeden Tag 30 Minuten spazieren gehen können.“

Messbar: Lege fest, wie Du Deinen Fortschritt messen kannst. Zum Beispiel: „Ich möchte in vier Wochen 1km ohne Pause gehen können.“

Erreichbar: Setze Dir realistische Ziele, die Du mit Deinen aktuellen Fähigkeiten und Ressourcen erreichen kannst.

Relevant: Deine Ziele sollten für Dich persönlich wichtig und bedeutend sein.

Zeitgebunden (Time- bound): Setze Dir ein konkretes Zeitfenster, in dem Du Dein Ziel erreichen möchtest.

Hier hast Du Platz, Deine Ziele SMART zu formulieren. Du kannst Dir auch gerne eine Voicememo auf Deinem Handy erstellen, oder eine Person bitten, Deine Ziele aufzuschreiben.

Spezifisch

Das genau möchte ich erreichen:

____

____

____

____

____

____

____

____

Messbar

In dieser Zeit möchte ich mein Ziel erreicht haben/ Ich werde mein Ziel anhand folgender Dinge messen können

____

____

____

____

____

Erreichbar (Achievable)

Ich kann dieses Ziel erreichen, weil ich…

____

____

____

____

____

____

Relevant

Das Ziel ist für mich von Bedeutung, weil…

____

____

____

____

____

____

Zeitgebunden/ time-bound

Ich werde dieses Ziel realistisch in dieser Zeit
schaffen

____

____

____

Sieh Dir Deine Ziele oder Dein Ziel an, versuche
Deine Ziele in kleine Teilabschnitte einzuteilen.
Versuche nicht den großen Berg zu sehen, den Du
beschreiten möchtest, versuche den ersten Schritt zu
sehen und dann den nächsten und dann den nächsten
und dann…

Persönliche und berufliche Ziele formulieren

Neben Gesundheitszielen ist es auch wichtig,
persönliche und berufliche Ziele zu setzen. Nach
einem Schlaganfall kann dies bedeuten, dass Du
Deine bisherigen Ziele anpassen musst. Hier sind
einige Schritte, die Dir helfen können:

Reflektiere über Deine Prioritäten: Was ist Dir
wirklich wichtig im Alltag, im Job, in
Freundschaften, im Leben? Welche Ziele möchtest
Du weiterhin verfolgen?

Bleib flexibel: Deine Ziele können sich ändern, und das ist in Ordnung. Wichtig ist, dass Du Dir Ziele setzt, die für Dich machbar und erfüllend sind. Stelle Dir die Frage: Was kann ich tun, wenn ich Rückschritte mache oder wenn meine Fortschritte gerade stagnieren? Wie bin ich früher mit Rückschritten umgegangen, welche meiner Eigenschaften haben mir dabei geholfen?

Teile Deine Ziele mit anderen: Sprich mit Deiner Familie, Freunden oder Deinem Reha Team über Deine Ziele. Ihre Unterstützung kann Dir helfen, motiviert zu bleiben.

Die langfristige Planung und das Setzen von Zielen sind entscheidend für Deine Genesung nach einem Schlaganfall. Nutze die **SMART**-Methode, formuliere persönliche und berufliche Ziele.

Versuche, Dich an Deinen Plan zu halten und suche Unterstützung, wenn Du sie brauchst. Du hast bereits einen großen Schritt gemacht, indem Du dieses Buch liest. Lass es zu und hab den Mut, Deine Ziele gemeinsam mit Deinem Reha Team zu verfolgen und Deine Gesundheit aktiv zu gestalten.

Schlusswort

Liebe Stroke Survivorin, Lieber Stroke Survivor,

Du hast nun diesen Leitfaden über Schlaganfall und Genesung bis zum Ende begleitet, und das ist ein großer Schritt auf Deinem Weg der Erholung. In diesen Seiten haben wir über die Herausforderungen gesprochen, die ein Schlaganfall mit sich bringen kann, aber auch über die unzähligen Möglichkeiten, wie Du Dein Leben nach diesem einschneidenden Ereignis wieder aktiv zum Besten gestalten kannst.

Vielleicht hast Du Momente der Verzweiflung erlebt, in denen Du Dich fragtest, ob ein erfülltes Leben nach einem Schlaganfall überhaupt möglich ist. Doch ich möchte Dir versichern: Es gibt so viele wunderbare positive Beispiele von Menschen, die trotz ihrer Herausforderungen ein erfülltes und glückliches Leben führen. Sie haben Wege gefunden, ihre Stärken zu entdecken, sich neuen Zielen zu widmen und ihre Träume zu verwirklichen. Ich danke allen meinen Patientinnen und Patienten für ihr Vertrauen in meine Arbeit und dass ich so viele große und kleine Erfolge im Genesungsprozess begleiten durfte bisher.

Denke an die kleinen Fortschritte, die Du jeden Tag machst, sie summieren sich zu etwas Großem. Sei stolz auf Deine Erfolge und sei geduldig mit Dir selbst. Die Reise der Genesung ist ein Weg, keine Sprintstrecke, und jeder Schritt vorwärts ist ein Triumph. Du bist nicht allein auf diesem Weg – es gibt ein ganzes Netzwerk von Menschen, die bereit sind, Dich zu unterstützen und zu ermutigen.

Egal, ob Du gerade erst am Anfang stehst oder schon weit auf Deinem Weg bist: Vertraue auf Dich, Deine Kraft, bleibe fokussiert und bleibe voller Hoffnung. Gönn Dir aber auch Pausen und lass mal 5 gerade sein.

Dein Leben nach einem Schlaganfall kann genauso erfüllt sein wie zuvor. Glaube an Dich selbst und an die Kraft der kleinen Wunder, die jeden Tag geschehen.

Möge dieses Buch Dir nicht nur Informationen und Ratschläge geben, sondern auch Inspiration und Mut für Deine Reise zurückschenken. Du hast die Fähigkeit, Deine Zukunft zu gestalten, und ich bin zuversichtlich, dass Du die Herausforderungen meistern wirst, die Dir begegnen, so wie es unzählige meiner Patientinnen und Patienten auch geschafft haben.

Mit den besten Wünschen für Deine Genesung und
ein erfülltes Leben,

Deine Christina

Über die Autorin

Christina Sattler

Christina Sattler ist staatlich anerkannte Physiotherapeutin, hat zusätzlich nebenberuflich Physiotherapie im Bachelorstudiengang studiert (B.sc. Physiotherapie), ist ausgebildete psychologische Beraterin und Coach. Sie betreibt eine Privatpraxis für Physiotherapie und Gesundheitscoachings im Saarland.

Bereits in ihren frühen Berufsjahren hat sie sich auf den Bereich der neurologischen Physiotherapie spezialisiert und betreut in ihrer Praxis hauptsächlich Patienten nach Schlaganfall, Schädel- Hirn- Trauma, Querschnittlähmungen und neurologischen Erkrankungen wie Morbus Parkinson, MS oder ALS.

Zusätzlich zu ihrer therapeutischen Tätigkeit gibt die Autorin Seminare zu Themen aus dem Gesundheitswesen, sowie Vorträge aus dem Gebiet der evidenzbasierten Therapiemethoden. Im Podcast Body Mind Motion berichtet sie in regelmäßigen Abständen über Gesundheitsthemen, Selbstfürsorge und Stressresilienz.

Privat ist Christina Sattler Mutter von drei Kindern. Am liebsten ist sie in der Natur mit ihren Liebsten und den beiden Hunden Poppy und Hazel unterwegs. Wassersport und Wanderungen in den Bergen sind ihre Leidenschaft.

Mit ihrem Buch „Stroke Survivor- Dein Weg zurück ins Leben nach Schlaganfall" möchte Christina Sattler Betroffenen, Angehörigen und Interessierten einen Leitfaden bieten, der Mut macht, sich in einem Leben nach Schlaganfall wieder orientieren zu können.

Weiterführende Informationen

Stiftung Deutsche Schlaganfallhilfe mit Infos und weiteren Adressen zu Selbsthilfegruppen, Kliniken, Stroke Units und Rehaeinrichtungen

www.schlaganfall-hilfe.de

Patientenrechte auf der Seite des Bundegesundheitsministeriums:

https://www.bundesgesundheitsministerium.de/them en/praevention/patientenrechte/patientenrechte

Selbsthilfegruppen nach Bundesländern:

Selbsthilfegruppen für Schlaganfall-Patienten in Deutschland (schlaganfallbegleitung.de)

Informationen zu Behandlungsmöglichkeiten auf meinem Instakanal und meiner Homepage

@christinasattler_privatpraxis

www.christinasattler.de

Buchtipp:

Ausgezählt- Diagnose Schlaganfall von Berthold
Knabe- ISBN: 978-3-7460-8821-1

Bildnachweise:

Pixabay

Nach einem Schlaganfall beginnt eine Reise der Erholung und des Neuanfangs. Christina Sattler begleitet Dich mit diesem umfassenden Leitfaden durch jede Phase der Rehabilitation, bietet praktische Tipps zur Bewältigung des Alltags und inspirierende Geschichten von Menschen, die trotz aller Herausforderungen ein erfülltes Leben führen. Mit wertvollem Wissen und einer Portion Hoffnung ist dieses Buch ein unverzichtbarer Begleiter auf dem Weg zu deiner persönlichen Genesung.